Paskilukemisto

Paskilukemisto

JOUKO KIVINEN

Sirpa Mirjamille
joka kirjoitti näistä ainakin 2
;)

Kannetaan uusi hella sisään
ihmetellään sitä
avataan vanhan lieden takaa se pikku laatikko johon
verkkojohto menee
löydetään laatikon sisältä kolme tappia, joista jokaiseen
on ruuvattu kiinni yksi
johto ja näistä se punainen on merkitty: maadoitettu

kirjoitetaan paperilapulle johtojen järjestys ennen kuin
se menee sekaisin: punainen, musta, keltainen
kierretään irti ruuvit tapeista
irrotetaan johdot
huomataan että se kolmas johto olikin harmaa, vähäinen
valo se aiheutti tämän näköharhan
viivataan "keltainen" yli ja kirjoitetaan sen päälle
"harmaa"
teipataan paperilappu vanhan lieden taakse

katsellaan taas uutta liettä
muistellaan, miten olivat johdot siinä liedessä
joka nähtiin runsas tunti sitten kirpputorilla
huomataan että tässähän kytkentä on aivan erilainen
tapit ovat kyllä melkein samanlaiset mutta ne on liitetty
toisiinsa, metalliliuskoilla, aivan toisin
päätellään, että koska tämä uusi liesi on aikoinaan ollut
luultavasti kytkettynä kolmivaihevirtaan, ja koska
siinä kirpputorihellan verkkojohdossa oli
kolme erillistä johdinta, kuten tavallisesti
valovirtakytkennöissä, että tämän uuden vanhan lieden
takana olevat tapit on parasta kytkeä toisiinsa
samoin kuin kirppariliedessä

ymmärretään, että päätelmässä saattaa olla aukko
mutta alistutaan epävarmuuteen koska lisätietoja ei ole
        näköjään luvassa mistään ainakaan helposti

huomataan että liuskoja ei ole kylliksi
otetaan romulaatikosta johdonpätkä ja väännetään siitä
    jotakin, joka suuresti muistuttaa kaivattua liuskaa
    ruuvataan se paikalleen, ja muut
otetaan vanhasta liedestä irrotettu johto ja tökätään sen
    tulppapää maadoitettuun seinäpistokkeeseen
kosketellaan vapaasti ilmassa heiluvia johdonpäitä, joissa
        nyt on taatusti luja jännite, ainakin joissakin niistä,
    ainakin jos sähkönsyöttö vielä toimii, tavallisen,
    toimivaksi jo havaitun kohdevalaisimen pistotulpalla
pareittain eli punainen ja musta, punainen ja harmaa
        harmaa ja musta - hetkinen, tarkistetaan vielä:
        punainen ja musta
    arvellaan että silloin kun lamppu alkaa loistaa,
            johtojen välillä on jännite-ero

koska tiedetään että mahdollinen ja epätoivottu sähköisku
on vaarallisin kun se kulkee sydämen kautta, ja koska ei
toivota äkillistä sydämen lamaantumista, seistään
koko kokeen ajan vain oikealla jalalla ja käytetään
            vain oikeata kättä
manaillaan samalla niin runsaasti kuin tuntuu tarpeelliselta
ja tullaan siihen tulokseen että punaista johtoa ei ole
    kytketty ollenkaan, ei niin sitten yhtään mihinkään
ihmetellään suuresti

uusitaan koe vessan pistoketta käyttäen
    kytketään vahingossa oikosulku ja tuhotaan yksi varoke
            eli sulake

uusitaan uusittu koe kun sulake on vaihdettu, lampun avulla
ja huomataan että nähtävästi punainen johto on
se jota kutsutaan maajohdoksi ja mustakuorinen taas
se jossa on 220 voltin vaihtojännite jolloin harmaassa
on nollajännite, tai päinvastoin, riippuen siitä
miten päin pistoke on pistorasiassa
mikäli käsitettiin oikein sen tutun sähkömiehen jutut,
aivan ohimennen pudotetut, joiden mukaan toinen
seinäpistokkeen rei'istä on kiinni "0-johdossa"
vaikka ei ihan tiedetäkään mitä eroa nollajohdolla
ja maadoitetulla johdolla on

ihmetellään yhtä kaikki entistä enemmän
miksei koe onnistunut keittiön pistorasian avulla
avataan epäilyttävä rasia ja huomataan
että sen maadoitustappeihinhan ei tule ollenkaan johtoa:
katalaa petosta! ajatellaan
ja hiljennytään hetkeksi miettimään peräti vuoteelle,
onko ehkä tehty vielä jokin ajatusvirhe
joka voisi tuoda mukanaan pahan yllätyksen

hiljentymisen jälkeen,
kun mitään ansaa ei keksitä, rohjetaan
ruuvata vanhan lieden verkkojohto kiinni uuteen lieteen

muistetaan äkkiä
että maajohto pitäisi jättää hiukan muita pidemmäksi
jotta maadoitus toimisi vielä sittenkin kun yksi
tai peräti kaksi virtajohtoa sattuisi irtoamaan tapeista
esimerkiksi typerän johdosta kiskaisun vuoksi
ymmärretään ettei tällä turvakeinolla olisi tässä
paljoakaan merkitystä, koska seinäpistoke
ei kuitenkaan ole oikeasti maadoitettu

ruuvataan silti johtimet irti ja kytketään ne uudestaan,
   tavalla joka uskotaan paremmaksi
ajatellaan sitä tuntematonta seuraavaa, joka mahdollisesti
joskus sattuu näpelöimään samaisia johtimia vähän
   samaan tapaan jopa, lämmöllä

työnnetään uusi liesi seinän viereen
käännetään vasemman etulevyn katkaisinta
   huomataan levyn alkavan lämmetä
käännetään vasemman etulevyn katkaisin osoittamaan nollaa
käännetään oikean etulevyn katkaisinta
      ja huomataan senkin lämpölevyn toimivan
kierretään katkaisin osoittamaan taas nollaa
kokeillaan aivan samalla tavalla kahta jäljellä olevaa
   levyä, ja lopuksi uunia, ja huomataan näidenkin
   toimivan ilmeisen hyvin tai ainakin kylliksi
lämpiämään nopeasti niin kuumiksi että niihin ei auta
      koskea enää sormellaankaan

ollaan tyytyväisiä

aletaan epäillä: jos sittenkin
on tehty jokin virhe?

lakataan olemasta tyytyväisiä
pohditaan, voisiko lieden kuoreen päästä jotakin johtoa
pitkin livahtamaan petollisen voimakas jännite
etsitään pitkähkö johdonpätkä
ja kytketään sen toinen pää veeseen pistorasian
maadoitustapeista toiseen, luottaen että on
samantekevää kumpaan,
ja kosketellaan toisella päällä lieden päällyskuorta
samalla kun käännellään kytkimiä
ollaan tyytyväisiä kun ei nähdä roiskuvia kipinöitä
irrotetaan lieden pistoke ja käännetään sitä
puoli kierrosta ja tuupataan se uudestaan kiinni
tehdään uudestaan koskettelukoe ja ollaan tyytyväisiä
samalla tavalla kuin äskenkin

viedään pitkähkö johdonpätkä pois
palataan keittiöön ihastelemaan
rämäpäisen uskalluksen hedelmää
tutistaan vähän

vuohille varpuja sekä kaalia ja vielä jyviä
kissoille kuivamuonaa
kikkareet kerättävä pois kissanvadista
niin sitten voi ehkäpä lähteä päiväksi
vaeltelemaan maakuntakeskuksen kirpputoreille
tarvitaan vaatteita ja yksi pääkappale ainakin

havahdutaan siihen että on aamu ja ollaan hereillä
maataan vuoteessa kunnes tekee mieli nousta pois
laskeudutaan ensimmäiseen kerrokseen ja avataan ulko-ovi
annetaan kissan luikahtaa sisään
haistellaan ulkoilmaa ja palataan takaisin sisätiloihin
keitetään vettä, tarkoituksena valmistaa kaakaota
kaakaon vähäisyys johtaa vain yhden laihan kupillisen
saamiseen, tyydytään siihen
maataan vuoteella samalla kupista siemaillen, lueskellaan
kirjaa joka on kesken ja joka ei oikeastaan enää
kiinnostakaan,
lähdetään kauppaan hakemaan maitoa

keskiviikkona
    suunnitellaan tiistaina
käydään asuntotoimistossa
    kysymässä pientä maatilaa vuokralle
    tai omakotitaloa tai piilopirttiä tai mummonmökkiä
koska elellään vesipulan alaisuudessa
ja postitetaan kirje Elonkehän toimitukseen
hoidellaan puuasia
    eli etsitään vanhoista lehdistä puutavaran myyjiä
manaillaan joka-aamuista vällyn alla loikoilua
    ja turhaa seisottelua ja sitä että toinen
        aina hiihtelee matkoihinsa liian varhain
kun puutavaran myyjä on löydetty
        tilataan puita ainakin yksi motti
        puiden pitää olla kuivia! ja halkoja! muista!
sitten soitetaan kunnan sosiaalitoimistoon, kysytään
    suostuvatko he maksamaan klapit
vielä kissanruokaa kaupasta ja sitten
käydään katsomassa
ominaispainomittarin hintaa biokaupasta
    jos on halvempi kuin marketissa (á 29 markkaa) niin
    tehdään kaupat
        ja laposta kanssa
        jos on vielä rahaa
soitetaan velkaneuvojalle

vieras koira tulee taloon hoidettavaksi
kun sille ei pidä seuraa se ulisee
ulkona sataa koko päivän
aikaa kuluu sohvalla koiran vieressä lueskellen
kissat ovat karanneet näkymättömiin
kun sitten
piski noudetaan ja koulu on päättynyt
voi lähteä kauppaan hakemaan kissanmuonaa
matkalla jäädä suustaan kiinni olkikauppiaan kanssa
hän esittelee leikkuupuimurin saloja
ja tuo illalla vuohille kuiviketta ja syötävää
klapejakin häneltä kuulema saisi
hinnasta ei vain tiedä vielä, pitää kuulema kysyä isältä
hakataan lautoja kiinni talliin hyllyiksi paaleille
etteivät vesselit repisi niitä silpuiksi
ja sitten ollaan vähän kireitä
ja sitten saunotaan ja lorotetaan loppuun viimeiset vedet
        jotka palokunta kaivoa täyttäessään saunalle toi
juodaan pullollinen olutta mieheen ja naiseen
ja mennään puhtaaseen vuoteeseen pitämään kivaa

tänään maanantaina

tänään maanantaina
lähdetään porukalla maksamaan vuokraa
ja tilaamaan palokunnalta lisää vettä kaivoon,
ostamaan apteekista sideharsoa koiraparalle
joka juoksi tassunsa viikatteeseen
ja varaamaan aikaa terveyskeskuksesta, voivat siellä
tutkia mitä ne täplät masulla ovat
vielä pitää
käydä nimismiehellä ja pesuainetta kanssa kaupasta

vuohille pitää eristää talli talveksi
siihen ostetaan olkia maalaistalosta
ne syövät näköjään
ainakin heiniä ja nokkosia ja horsmaa
myös pajun- ja koivunlehtiä, takinnappeja, puun kaarnaa
ne vievät munkkirinkelin kädestä kun istuu rappusille
ne tulisivat sisälle saakka makoilemaan
      ne seuraavat kaikkialle
koira arastelee niitä ja syystä
Ville-kissa on sovussa piskin kanssa mutta pikkuvintiö
      sähähtelee ja sylkee
vintiö taas ei pelkää pukkia enempää kuin kuttuakaan

ainakin ominaispainomittari ja lappo pitää löytää jostakin
tehdään kotiviiniä
siihen tulee karviaisia ja herukoita ja rusinoita
ja sokeria tietysti ja sitten paljon mustaherukanlehtiä,
    niistä tulee upea tuoksu
pitäisiköhän ostaa lapiokin
jos vaikka kääntäisi tuota piharämeikköä kasvimaaksi
voisi jo näin syksyllä vääntää sen nurin niin se olisi
    sitten keväällä valmiina
tuleekohan kylmä talvi
voi kulua paljon puita
hankitaan sähköpatteri ainakin vessaan, muuten se jäätyy
siellä on jo nyt joskus kylmempää kuin ulkona
    kaivo se sillä tavalla hyytää, vesi putkissa
pian paastotaan
saapa nähdä

MATOKOMPOSTI
  (ämpäri likakaivolta)
ämpärin pohjalle munakennosilppua
      hieman lehtiä
      hieman, n. parin porkkanan kuoret
      tai muuta vastaavaa aluksi
päälle kansi, jossa reikiä
VOI SIJOITTAA ESIMERKIKSI WC:N NURKKAAN
TAI MUUALLE MISSÄ ON TILAA

VIININ LAPPOAMINEN

astian tyhjennys
   (punainen, samankokoinen kuin viinillä,
   eli suurempi)
astian pesu, kiehuvalla vedellä
desinfiointi (jääkaapissa desinfiointiaine)
   kansi päälle, ja purskuttelu
   annetaan seistä useita tunteja (ns. RIKITYS)
VIINI LAPOTAAN SEKOITTAMATTA
POHJASAKKAA
VAROVASTI
   tähän desinfioituun astiaan
   kansi päälle
huuhdotaan käymisastia ja lapotaan viini
   takaisin & mahdollinen käymisen pysäytys välillä
kansi, vesilukolla, päälle!
annetaan seistä

maitoa
mehua
oviverhokangasta
kaakaota
nauloja 3" ja 4"
narua tai matonkudetta
verkkoa
lampunvarjostin

vehnänjyviä
rukiita
kauraa meille ihmisille
soijarouhe
auringonkukkaa
pähkinöitä

päästetään vuohet ulos
ne hyppelevät pukkihyppyjä
pistellään reikiä muovipusseihin ja täytetään ne
vedellä
valutetaan vesi takapihan laidoille
sytytetään ruoho, keskeltä
vahditaan tulta ja vuohia jotka yrittävät syödä
                          sammutuskerput
kun ruoho on palanut aletaan pohtia
että keväällä tuohon porkkanat ja sitten tuonne nauris

syyskuu on ja ulkona nolla
illalla sisällä kaksikymmentäneljä mutta aamulla
kymmenen tunnin mentyä kehnot
kahdeksantoista astetta
yöllä ei lämmitetä, mitenkäs käy
talvella jos ulkona on miinus kaksikymmentä? - no
ulos karannut lämpömäärä on
vakio kertaa aika kertaa ulko- ja sisälämpötilojen erotus
mikä on verrannollinen, suoraan, lämpötilan muutokseen
sisällä eli sisälämpötila on vakio kertaa kulunut aika
kertaa iltasisälämmön ja ulkolämpötilan erotus
jos aikaa kuluisi oikein vähän niin lämpötila muuttuisi sekin
oikein vähän, ajatellaan eli differentioidaan ja keksitään
että sisälämpötilan aikaderivaatta ynnä vakio kertaa
sisälämpötila miinus vakio kertaa ulkolämpötila
on nolla
arvataan
että sisälämpötila, lyh. sälä, on varmaan Vakio kertaa e
potenssiin miinus vAkio kertaa aika, plus vaKio,
kolme uutta eri vakiota siis, vielä tuntematonta
sijoitetaan tämä jo tiedettyyn josta
saadaankin hetimiten ratkottua että vaKio on yhtä kuin
ulkolämpötila, lyh. ula, ja että vAkio on yhtä kuin vakio
uskotaan että kaksi ynnä kaksi on yhä suunnilleen neljä,
jotenka sälä on yhtä kuin Vakio kertaa e potenssiin
miinus vakio kertaa aika, ynnä ula

ajatellaan aika alkavaksi siitä kun on ilta
ja vielä lämmintä
sisällä, ja sijoitetaan tämä tieto lisukkeeksi
niin saadaan säläksi yhtä kuin

sulku auki
   sälä alussa miinus ula
sulku umpeen
   kertaa e potenssiin miinus vakio kertaa aika ynnä ula
tähän sijoitetaan alkun kaksikymmentäneljä astetta ja aamun
yhdeksäntoista ja sitten se nolla mikä oli ulkona ja vielä
kuluneeksi ajaksi kymmenen tuntia niin voidaan
vaikka mitä mutta ainakin ratkoa vakio, se on osapuilleen
nolla piste nolla kaksi kolme, yksikkönä yksi per tunti

enää ei tarvitse muuta kuin arvella
että yöllä on koko ajan suunnilleen samanlämpöistä eli
vaikka
         ne miinus kaksikymmentä astetta
   ja se on celsiusta
ja sitten ettei se paljoa vaikuta tulokseen jos talossa
   joitakin lämpöä varaavia möykkyjä sattuisikin lojumaan
      niin kuin pöytiä ja tomaatteja ja paperiliittimiä
         tai se minkä verran jääkaapit
      ja sisämakki ja semmoiset lämmittävät

toivotaan vielä
   ettei laskuihin ole pujahtanut kovin montaa
merkkivirhettä
   eikä olla unohdettu mitään kovasti tärkeätä

luotetaan siihen että aurinko nousee taas aamulla ja että
   voimalat eivät possauta taivasta pimentoon
      mikä sotkisi laskelmat pahan kerran ja sijoitetaan
rohkeasti yhtälöön että ula on miinus kaksikymmentä astetta
      annetaan kaavojen rouskuttaa vastaus mikä se nyt
sitten
   onkaan ja se on

että aamusella kun kömmitään ulos vuoteesta
on alakerrassa surkeat plus viisitoista astetta
kuvitella miten kylmiä aamut sitten olisivat
jos ulkoseiniä rutistelisi aito tulipalopakkanen!
vesiputket ja vessahan siinä jo jäätyisivät ja varpaat,

niin että ettekö te nyt voisi hankkia meille edes yhden pienen
sähköpatterin tai kamiinan emäntä kiltti?

pikku kissa sylissä, pikku vintiö
istuu talon takana, kivellä, valppaana
se on raivokas, se on vilpitön
se on hellempi kuin kukaan
se kehrää tassut ristissä
rintaa vasten unessa

pikku pikku pentele
älä aamuisin niin lentele

pikkupakkasta
kissaportieeri istuu kuistilla selaa lehteä
           raps raps
hännäkäskös se siellä
           pitää päästää

RIKOLLISUUTTA KADUILLA!
TYRMISTYTTÄVÄ NÄKY!
KADUNVARSIEN AUTOISUUS JOPA 30 000 000
MG/M2 !!!

raps raps
   no siinäkö sinä taas olet
           mene nyt

kuinkas kissat pääsisivät kulkemaan
jollei olisi kissaportieeri

aamutoimet

pässinpökkimät jalkaan
kissoille nappuloita
kahviveden keitto
kirjeen kirjoittaminen ja kahvin juonti
kissan kusiastian tyhjäys
puu-uuni lämpimäksi
vedenhaku saunasta
jussin pesu
käännös postilaatikolla
koira ulos

Onpa markkinat!
Perhe Oy vaarassa!

Viime aikoina on, kuten joudumme toteamaan, perheen jäsenten toimesta suoritettu lukuisia erilaisia ja joissakin tapauksissa eittämättömän tarpeellisia hankintoja. Mutta, kuten niin ikään olemme pakotettuja havaitsemaan, edellä mainittujen lisäksi talouteen on hankittu selvällä käteisellä monenmoisia tarve-esineitä joita ei kyllä voi nimittää muiksi kuin ylellisyyshyödykkeiksi.

Aivan niin. Esimerkkeinä mainittakoon muuan valmiina omaksi lunastettu harjanvarsi - todellakin valmiina, vaikka mainitun välineen olisi hyvin voinut rakentaa tontilla jo kasvavista puista, sekä erinäiset matkat julkisilla liikennevuoroilla peräti kahden henkilön voimin vaikka varsinaiset toimitettavat asiat eivät useimmissa tapauksissa olisi vaatineet kuin yhden ihmisen mukanaolon. Kaikki korkea kunnia taloudelliseen huolettomuuteen sortuneiden seurallisuudelle, mutta puhtaasti koleiden matemaattisten tosiasioiden valossa heidän toimintansa on ollut vähintäänkin lyhytnäköistä.

Tässä ei kuitenkaan ollut vielä koko tragedia. Lisäksi he ovat hankkineet uudenuutukaisen valaisimen, talven pahimpia ja pimeimpiä loskaöitä kirkastamaan kuten he selvittävät, sekä erään säälittävän hentorakenteisen puutavaran ja muun sellaisen pituusmittauksiin tarkoitetun laitteen, jota alhaisesta hankintahinnasta huolimatta on

rullamitan heikon laadun vuoksi kuitenkin pidettävä mitä
harkitsemattomimpana ostoksena.

Eikä ole syytä unohtaa myöskään kaikkia niitä elintarvik-
keenluontoisia hyödykkeitä, joita he ovat ostaneet milloin
mistäkin puodista paitsi asianosaisten elämää myös heidän
nautintojaan ylläpitämään, kuten myös heidän tiloissaan
majailevien karvaisten kissaeläinten raivoa taltuttamaan, ei
liioin niitä koristeellisia vaatekappaleita joita he ovat
omaan yksinomaiseen käyttöönsä hankkineet, välittäen
vähät siitä että yleensä on tarjolla ollut myös paljon
sameampia, edullisempia ja löpsähtäneempiä vaihtoehtoja
joiden yleisesti ymmärretään soveltuvan juuri tällaisille
vähäväkisille mutta jotka nämä perheenjäsenet ovat
pikaisesti, vain hyvin lyhyen - tai sanotaan se suoraan:
olemattoman harkinnan jälkeen hylänneet ja pelkästään
joihinkin erittelemättä jätettyihin esteettisiin tekijöihin
vedoten.

Riittäneekö tähän selitykseksi edes se, että he eivät
suinkaan aina ole tehneet valintaansa yhtä horjuvin mielin,
vaan he ovat punninneet talouskatastrofiaan suhteessa
hankittujen hankintojen kappalehintoihin ja omiin
tarpeisiinsa, tuskin. Sillä varaa lipsahduksiin ei
ilmeisestikään enää ole: jo nyt Perhe Oy liikkuu talouden-
pidossaan niillä riskirajoilla joilla voi tuskin olla enää
monia muita vaihtoehtoja jäljellä kuin jäsenten osittainen
nälkiintyminen, koko toiminnan kannalta välttämättömän
pohjarakenteen eli töllin jatkuvaan asuttamiseen
tarvittavan, ulospäin suuntautuvan rahavirran katkaise-
minen ja toiminnan siirtäminen jonnekin muualle, tai

suurella kiinnostuksella ja antaumuksella jo aloitetun toiminnan monipuolistamiseen ja mahdollisesti jopa vakavaraistamiseen auttavan jälleenkouluttautumisohjelman keskeyttäminen.

Näin ei voi jatkua!

Aikatalousarvio

aamukahdeksalta hammaslääkäriin
hoidon jälkeen postiin soittamaan Puhlaitokselle
biokauppaan noutamaan viljakahvia
pyöräily kotiin
vuohet ulos tallista
maalin poistamista korjattavista tuoleista
yhdeltätoista postia hakemaan ja viemään kirjettä
postin selailemista, sadattelua
valituskirjelmän laatimista
pyöräily takaisin kylille ja sosiaalitoimistoon
virheellisen päätöksen selvittelyä yhdessä virkailijan kanssa
joka istuu hajareisin pöytänsä takana ja sanoo
kissanruokapaketin ja sätkäpaperin nouto kaupasta
äänestyskopilla käynti, puntarointia
pyöräily kotiin
kirjeen kirjoittamista
maalin poistamista kuumailmapuhaltimella ja raapalla viiteen
roskapussin uloskanto viimeinkin
opiskelijan kotiintulo, kuulumisten vaihto
taloussotkujen selvittelyä, sadattelua
tiedotteiden ja opaslehtisten selailua, laskutoimituksia
maalin poistaminen jatkuu
päätökseensä ja työvälineet & jätteet kerätään sivuun
lampunvarjostimen valmistaminen
tulevan huomisen suunnittelua

ihan hyvältä näyttää
myö ollaan tehty kuoria
omiks tarpeiks vaan mutta halpaa on ollunna
ollaan saatu ilmaseksi tapettia kirpparilta
siitähä niitä liimaillaan
ja sitte tämä viinipuoli
saatiin omppuja puista, vähän sokeria ja rusinaa
ja putelit kinuttiin ravintelista
että melko ilmasta sekin on ollu
mettistä on löytyny puita lämmikkeeks
katit syöpi luomuhiiruja
ja päkätit nassuttaa heinät pihamaalta
voivat tehdä niistä vielä maitoakin meille
niin että tämä tasepuoli ompi taas kunnossa
mie ostin luistimet kolmella markalla

Päätös

Ylimmän kunnallisen sosiaali- ja kurjuudenvalvontavallan käskynhaltijana toimivan viraston virantoimituksessa olen minä tänään armollisesti katsonut hyväksi päättää seuraavaa:

Elokuussa kuntaa muuttanut perhe ei tarvitse tukea naisen koulumatkoihin eikä liioin hänen jokakuisiin matkoihinsa joiden on tarkoitus suuntautua kunnan ulkopuolelle hänen entiseen asuinkuntaansa, hänen siellä asuvan kuusivuotiaan tyttärensä tapaamiseksi. Samoin hylätään anomus vaihtoehtoisen synnytyksen tukemisesta eikä myöskään pyydettyjä lämmittimiä hankita heidän kieltämättä viileähköön asuntoonsa. Kaivoveden laadun tutkiminen lienee sekin turhaa.

Perustelut: työmarkkinatuen perusosan ja opintorahan voi laskea yhdessä hyvin riittävän opiston kuukausimaksuihin, ahmimiseen, terveydenhoitokuluihin, hammaslääkärimaksuihin, postimerkkeihin, puhelimen hankkimiseen ja sillä rimputteluun, lehtitilauksiin, pesuaineisiin ja saippuaan, ikkunantiivisteisiin ja sen sellaisiin yksinkertaisiin menoihin. Tapaamisoikeuden varmistaminen taas, siinä tapauksessa että äiti on vähävarainen, on isän tehtävä, eikä se meihin kuulu jos tämä kieltäytyy.

Mitä ehdotettuun kotisynnytykseen tulee, on totta että se tulisi kunnalle noin kaksi tuhatta markkaa halvemmaksi kuin käynti läheisen maakuntakeskuksen synnytys-sairaalassa, mutta koska synnyttäminen kotona on menettelynä perin epätavallinen eikä siitä ole annettu erillisiä ohjeita, jätetään se varmuuden vuoksi rahoittamatta.

Edelleen, lämmittimien hankkiminen on hakijoiden vastahakoisen vuokraemännän velvollisuus, tapelkoot hänen kanssaan.

Nähdäksemme perhe on muuttanut kuntaan hyötymistarkoituksessa, sillä nainen on ilmoittanut aikomuksekseen parantaa koulutustaan, vailla minkäänlaisia aiempia säästöjä ja nimenomaan meidän kunnassamme sijaitsevan opiston hävittömän kalliita kursseja hyödyntäen, minkä ohella hän on tuonut vallan muualla aiheutetun raskautensa tänne mukanaan, laskien ilmeisestikin sen varaan että hän voisi turvautua kuntamme harvinaiseen lapsiperhemyönteisyyteen. Kun taas mies työllistää itseään ilmeisesti yksinomaan kaavakkeiden täyttämisellä ja viranhaltijoiden kiusaamisella eikä kykene kuluttamalla tukemaan kunnan elinkeinoelämää enemmällä kuin sillä naurettavalla summalla minkä valtio hänen käyttöönsä kuukausittain myöntää. Myöskään hän ei ole toimistossamme vieraillessaan ollut lainkaan niin surullisen näköinen kuin voisi hänen asemaansa joutuneelta ihmiseltä odottaa.

Näin ollen katsomme hyväksi, sen lisäksi mitä edellä on päätetty, julistaa tulokkaat perinteiseen tapaan irtolaisiksi. Myös harkitsemme muita lisätoimia joilla heidät ja heidän alhainen elintasonsa saataisiin mitä pikimmin häädettyä jonnekin muualle omavaraisuuttaan harjoittelemaan, mikäli he eivät itse ajoissa ymmärrä toimia vihjaamallamme tavalla, kauniista kunnastamme joka on sentään ollut valmiiksi asutettu jo iätajat.

Mietiskellään

että riittääkö lämmintä talossa
            ja entäs talvella kun on lapsi
että mistä ruokaa ensi viikoksi
jos nyt ostettaisiin kuitenkin
    puhtaita hituja puuroon
    lähitiloilta vaikka ne ovatkin
    kalliimpia kuin maan toiselta puolelta rahdatut
kinutaan kehykahvia puoteihin
kissoja kuunnellaan ja ruokitaan
korjaillaan pyöriä
lyödään nauloja
keräillään marjoja ja yrttejä
ja sitten nukutaan

ja sitten näitä
          on ne kanssa
naapuria joka vaihtoi haravan puhaltimeen
     ja joka ajaa ruohonsa joka kolmas ehtoo
sitä toista jota eniten maailmassa hirvittää
          tämän pihan siivo
ja sitä yhtä
joka haluaa että yhteisponnistuksin
     asfaltoitaisiin sen piha

etsitään keinoja toiminnan jatkamiseksi
edes likimain ennallaan,
lupaavimpina metkuina tällä hetkellä
leivän valmistaminen omakätisesti sekä ateriointi
leipomon yhteydessä

huomioidaan
miten nämä toimet
vähentävät yhteyksiä ympäröivään yhteisöön,
siinä määrin kuin ne tavanmukaiset kierrokset puodeissa,
tämän yritteliäänä kernaasti esiintyvän kylän suosituin
rituaali toisin sanoen, ovat jäämässä hyvin vähiin

lohduttaudutaan
uusilla ystävillä

ymmärretään että joitakin
tarvikkeita täytyy yhä saada muualta koskapa talouteen ei
vieläkään kuulu esimerkiksi ruishalmetta saati myllyä, ei
edes kasvimaata, talouden pohjarakenteen ainaisen omistajan
sanottua pikaistuksissaan tai mielenhäiriössä irti sopimuksen
jonka piti hyvät kolme vuotta
oikeuttaa talouden nykyiset asukkaat
rakentamaan elämäänsä sopimuksen tarkoittamissa tiloissa

eipä kyllä maidontuotantokaan
ole kehittynyt odotetusti

vaikka talouteen hankittiin jo hyvissä ajoin kuttuvuohi
ja pikku pässi sille seuraksi
siinä toivossa että kuttu piankin tiineytyisi
ja synnyttäisi soman kilin ja ajautuisi maidon ylituotantoon
retkut ovat pysytelleet yhtä pienikokoisina kuin tullessaankin
eikä merkkejäkään toivotusta raskaudesta ole vielä
nähtävissä edes tyypillistä tarkemman silmäilyn jälkeen

energiantuotanto vielä toimii
joskin tontilla kasvavien varpujen ja pensaskasvien
määrä on vähäinen,
lämmittävät ulkopuolisilla avustusvaroilla hankitut puut
nopeasti ja hyvin ne tilat joissa lämpöä kaivataan
aina muutaman tunnin kerrallaan

jätehuolto samoin
ennen muuta siksi että puodeista kannettavat ostokset
ovat vähentyneet huomattavasti mutta toki myös siksi
että kaikki eloperäinen jätemössö kiikutetaan
säännöllisesti suoraan kompostoriin, kierrätettävät
muovit ja paperi sinne missä ne otetaan ilomielin vastaan
niin että enin osa
huonokuntoiseen juureskellariin väliaikaisvarastoidusta
jätevuoresta on edelleenkin lähinnä edellisen asukkaan
tontille unohtamaa jäämistöä

hiirivarannot
kuitenkin vaikuttavat huolestuttavan köyhiltä
mikä pakottaa, asumuksessa liikuskelevien karvaisten
kissaeläinten ravitsemiseksi, ostoihin

kaikki yritykset saada kissaeläimet
sisällyttämään ruokavalioonsa jyviä ja papuja
ovat osoittautuneet täysin epäonnistuneiksi

irtisanottu?
taloudellisten vaikeuksien vuoksi, on siinä syy!
on maksettu vuokrat, on
no lieden ja vesien hankinnat on vähennetty
ja korjauskulut mutta siitähän sovittiin

hm
pyörän selkään, julkiselle patteristolle:
LAKI
asuinhuoneiston vuokrauksesta 31.3.1995/481
ei tunne mokomaa syytä ulospotkimiseen
HA!
se oli ensimmäinenseitsemättä pykälä
ja vielä, hm,
tuomioistuimen on vuokralaisen vaatimuksesta
julistettava vuokranantajan suorittama irtisanominen
tehottomaksi, jos irtisanomista on
vuokralaisen olosuhteet huomioon ottaen
pidettävä kohtuuttomana eikä
irtisanomiseen ole hyväksyttävää syytä
ja saman toinen momentti vielä että
oikeudenkäynnin aikana vuokrasuhde jatkuu
entisin ehdoin
oikeutta!
on, kohtuutonta: juuri kun pitäisi
synnyttää, olisikin lähdettävä kimpsuineen maantielle
oikeusavustaja hohoi!

niin ja yhdeksässeitsemättä pykälä että:
jos toistaiseksi voimassa olevassa vuokrasuhteessa
vuokralaiselle aiheutuu huomattavia vaikeuksia

saada toinen asunto muuttopäivään mennessä
voi tuomioistuin siirtää muuttopäivää jopa vuodella

mitä sanot, lakimies?

no tämä nyt on niin yleisellä tasolla
laki on kyllä omistajan
        ja sitten ne oikeudenkäyntikulut

Huomenta. Huomenta. Anteeksi. Mutta minulla olisi tällainen... Virtsanäyte? Niin. Sen voi viedä suoraan huoneeseen 7. Kiitos. Kop, kop. Kopotikop. Niin? Minulla olisi tässä tällainen. Jaha, minä otan sen tänne. Tuota, milloinkahan siitä saa tulokset, saako huomisaamuksi? Kyllä siinä menee huomiseen yhteentoista. Mutta kun pitäisi olla... Voidaan kyllä lähettää sitten myöhemmin. Mutta... Tai hehän voivat soittaa sieltä tänne. Ai niinpä tietenkin. Kun ei ole tuota puhelinta niin... Niin. No kiitos sitten vain. Näkemiin. Näkemiin.

Päivää. Päivää? Olisi kyse arviolaskutuksesta. No sitten tuonne päin. Kiitos. Päivää. Päivää. Minä tulin tässä vain... tätä näin, voisikohan tätä muuttaa jotenkin vielä? Onko teillä se sähkömittarin lukema nyt mukana? Ei ole. No sitten sitä ei voi korjata. Tai hetkinen, minä luulen että minä muistan mitä se oli, kyllä, minä voin antaa arvion siitä, hetkinen... Se ei kyllä käy, me tarvitsemme tarkan lukeman. Ai minun pitää katsoa se mittarista ja sitten kertoa teille? Niin. Jos te ilmoitatte mittarin lukeman meille ennen tämän laskun eräpäivää niin sitä voidaan vielä korjata. Mutta ei sen jälkeen.

Ja jos tuon sen myöhemmin, niin sitten korjaus tehdään seuraavaan laskuun? Niin... mutta jos te tuotte ennen kuun loppua sen niin tähän voidaan tehdä korjauksia, ei muutoin. Tästähän tulee tasauslasku vuoden lopussa, eikö vain? Niin. Entä jos me muutamme sitä ennen? Muutatteko te jonnekin muualle, vai kunnan sisällä? Täällä sisällä, luultavasti, me olemme näet yrittäneet... No sitten erotus hyvitetään myöhemmissä laskuissa, jos se on pieni, tai maksetaan tilille jos se on suurempi. Ja entä jos me muutammekin pois? Tilille silloin, eivät ne meille jää.

En minä sitä epäillytkään. Niin, mutta jos te tuotte sen mittarinlukeman ennen kuun loppua, niin sitten voidaan korjata tätä. Kyllä, aivan, käsitän. Kiitos vain oikein paljon. Näkemiin. Näkemiin.

Huomenta. Huomenta. Olisi tällainen äitiysapu... eikun, mikä, vanhempainavustushakemus. Mutta tämähän on lyijykynällä täytetty. Niin, minä ajattelin että voisin kirjoittaa sen uudestaan musteella, täällä, jos tarvitsee. Niin, meillä ei säily nämä lyijykynämerkinnät arkistoinnissa. No minä kirjoitan ne uudestaan. Siinä voi kyllä kirjoittaa. Mm. Sitten kun on valmista, voit mennä suoraan tuohon huoneeseen. Selvä. Kiitos.

Huomenta. Huomenta. Tässä olisi tällainen hakemus, kaikki nämä hakemukset samalla paperilla... Katsotaanpas.

Mitenkähän, milloin nämä voisi saada? Nyt on... 27. marraskuuta tulevat. Ahaa, mainiota. Minulla oli vielä joitakin muitakin kysymyksiä... Niin? Hetkinen, minulla on tällainen muistilappu hehe... niin, entä milloin se äitiysavustus tulee, ja vaikuttaako se opintorahaan, tai päinvastoin, entä tämä vanhempainraha tai onko sillä väliä kumpi sitä saa tai saako sitä vain äiti? Minkä suuruinen se opintoraha on? 1270 markkaa kuussa, muistaakseni. Hetkinen. Ja sitten vielä se, että onko tämä äitiysraha veronalaista tuloa? Kyllä, siitä suoritetaan ennakonpidätys. Minä taidan kysyä liikaa kysymyksiä yhdellä kertaa? Niin... oliko hänellä tuloja vuonna 1664
.... 1994? En minä tiedä, ei

luullakseni. Katsotaanpa täältä... ei ollut tuloja. Tuota, minä luulen muuten ettei, niin, ei se varmaan vaikuta opintorahaan.

Ei se luultavasti vaikuta. Onko vanhempainraha valtionverotuksessa mainittavaa eikun... niin, valtion-verotuksessa ilmoitettavaa tuloa? Kyllä se on.

Tämä on sitten selvä. Mainiota. Minä kirjoitan tämän koneelle valmiiksi, niin siitä tulee sitten päätös ja rahat tilille varmaankin kahden viikon kuluessa. Kiitos. Näkemiin. Anteeksi. Kiitos. Näkemiin. Näkemiin.

joka paikassa se menee siihen samaan
sama jo missä asuu
jatkuvasti muutetaan
kuherruskuukaudet lyhenevät viikoiksi
    joskus ne olivat vuosia
muutetaan matkailuautoon

kummallista

niillä on seinät
ja seinien sisällä tilat
ja aikaa säästävät sähkölaitteet
kaikki ne kytkimet ja säätimet jotta
tuolla ruuanlaittovälineistö
tuolla rentoutumiskalusto jotta
tuolla nukkumaorsi jotta
ja tuolla vielä tietoliikenneyhteydet
planeetan toiselle puolelle jotta
pihalla seisoo
äärimmäisen moneen kertaan tarkistettu
ja maksimaalisen turvalliseksi rakennettu
ajoneuvo joka
pääsee pysähtymättä vaikka maan toiseen ääreen
koska tahansa, ja sieltäkin on yhteydet, jotta

jotta mitä?

ja sitten ne ajavat
tekemään työtä viiden kilometrin päähän tai käyvät
kaupassa ja soittavat sieltä "tuonko jotain?" ja sitten ne
tulevat ja repsahtavat katsomaan ohjelmia, selaamaan sitä &
tätä ja soittelemaan "hei mitä kuuluu kiitos makkaraa"

kummallista, kummallista

tuo on tyhjä tuo talo
    naapuri vain ei suosittele
miksei
    en suosittele

vanha pontikkapannu pihalla tuskin piilotettuna
    kuusimuuri vieressä
tuossa on hyvä tyhjä
    omistaja ei suosittele
        pitää sitä paitsi neuvotella pojan kanssa
vaikka eihän se siinä asu, missä lie nytkin

entäs tuo?
onko siinä vinossa kuisti vai onko se talo
    naapuri tietää että se muutti Helsinkiin
    on ystävällinen kunnes
        ai vuohia?
siinä ihan meidän lähellä
    ei, ei me haluta vuokrata sitä
    mutta sehän on ollut tyhjänä jo kolme vuotta
    ei, ei me

tämä?
kuultiin siitä koulusta, siellä on huoneita
    ne on kyllä valitettavasti varattu koulun käyttöön

tuossa! tuossa!
  tämä on taajama-aluetta ja kun teillä
      on niitä eläimiä
    no entäs muilla, koiria raitit täynnä
      niin mutta kun teillä on vuohia

entäs se siellä koulun lähellä?
  se on kyllä myytävänä

kun me tulimme tämä talo oli pimeä
me sytytimme kynttilät ja hämärä saapui
oli pimeä, oli hämärä, oli puolipäivä
me emme voi nähdä kauemmaksi valoa
emmekä kyllä päivälläkään

mutta nämä yöt tulevat uudestaan

vintiö kuoli
joku tollo ajoi sitä päin ja siltä meni henki

(kynttilät palavat yhä)

tuli kaksi karvapalleroista
ne ovat tyttöjä
niillä on kirkkaat äänet, ne livertävät
ne telmivät jo
pyörivät kerinä lattioilla

Ville katselee sivusta: hm
ja lisää kummaa on luvassa

aamuseitsemän
kakarat hyppäävät vuoteista ja lähtevät juoksemaan
hyppivät hetekalla, puhaltavat C:tä nokkahuilusta
avaavat aamutelevision
ukko nousee ylös, alkaa keittää puuroa
saa aamiaisen valmiiksi ja kutsuu muut pöytään
syö kulhollisen vedessä limoitettuja kaurahiutaleita
ja lähtee kahvikupin kanssa rappusille

muut jäävät
ukko palaa, kerää astiat, tiskaa
akka sählää papereita mapeista, ei löydä, kiroilee
alkaa suunnitella valituskirjettä
ukko loikoilee vielä, nousee sitten
tyhjentää tuhkat uuneista ja latoo puita tilalle
akka saa luonnoksen valmiiksi ja käy koneelle
alkaa hakata, kirota ja hakata
kakarat ovat painelleet ulos
ukko ottaa imurin ja kipuaa yläkertaan
siivoaa kakaroiden punkat ja käynnistää koneen,
etenee hitaasti alakertaan, pääsee
viimeiseenkin huoneeseen saakka, sammuttaa koneen
akka kiroilee kirjoitelmaansa puhtaaksi
talossa on kylmä
ukko sytyttää tulen, odottaa
että kirje valmistuu, ottaa sen koriin ja muut
kirjeet ja kaavakkeet ja lähtee pyörällä
akka jää laittamaan ruokaa

ukko käy postissa, työvoimatoimistossa, puhelinkopissa,
kiertää katsomassa tarjoukset ikkunoista ja menee
sitten sisään yhteen puodeista

ostaa
kaurahiutaleita, maitoa, mehua, juustoa, kissoille
lihaa ja kalaa, jogurttia, tomaatteja, rusinoita ja
ostaisi vielä pähkinöitäkin mutta rahat loppuvat kesken
pähkinäpussi jää kassalle
ukko maksaa ja kerää tavarat,
menee ulos ja pyörälle, ei löydä avainta
etsii vielä sisältäkin mutta turhaan, palaa ulos
ottaa pyörän olkapäälleen ja korin toiseen käteen
ja lähtee talsimaan kahtatuhatta sateista metriä kotiin

ukko pääsee perille ja ruoka on valmista
muussia ja sienikastiketta, sämpylöitä
ukko syö paljon ja menee sitten sohvalle, nukahtaa
akka ja toinen kakaroista se akan oma istuvat kanssa
sohvalla ja katselevat ruotsinkielistä lastenlähetystä
selaavat kuvakirjaa

ukko herää, haluaa teetä ja sämpylöitä
onkin ilta jo, hän lähtee keittämään
kutsuu sitten muut pöytään ja kaikki syövät ja juovat
ukko tekee vielä kupillisen ja lähtee ulos

palaa
akka on alkanut suunnitella kirjojen liimauksia
akka miettii miten saisi tehokkaasti sidottua
kaksikymmentäneljä pikku kirjasta, kokeilee, ei onnistu
kiroilee, ukko tulee apuun ja yrittää ukkokin, ei onnistu
kakara se oma pyöriskelee sohvalla ja harmittelee kiukkua
vielä kerran he molemmat yrittävät ja heittävät sitten
koko roskan levälleen pöydälle
ukko lähtee tupakalle, akka kohta perässä
sillä aikaa tyttö pesee hampaansa
akka lähtee tytön kanssa ylös, ukko jää vielä

akka lukee satua ääneen
ukko syö alakerrassa purkkaa

yksin kotona
mitäpä mitäpä
hakataan päätä
hakataan päätä
hakataan halon päätä kirveeseen
niin tulee pino puita
niin tulee pino puita
niin lämpiää uuni kuumaksi
tulenhehkuiseksi
hohtavaksi kuumenee uuni
tulee pirtti kuumaksi
voi maata sohvalla
kuumassa kuivassa pirtissä
nukkua ja sitten kukkua
voi jättää tiskit keittiöön
voi jättää tiskit silleen
siinä ilta tulee
siinä se ilta tulee
tuolta tulee yö
mutta uni, tuleekos
tuleekos uni, eipäs tulekaan

isommat työt on tehty
puut sahattu ja halottu odottamaan kuivumista
vuohilla valmis talli
sähköä tulee ja kalusteitakin on
niin jää paljon aikaa
esimerkiksi riitelemiseen

kun on lapsi kylässä tavarat vaihtavat paikkoja
ulko-ovi lenkottaa auki ja piha
täyttyy kepeistä ja risuista ja vasuista
tiskissä on täysiä puurokulhoja
ja illat ovat mukavia

söisit nyt jotain

tytön on taas lähdettävä kaupunkiin
me olemme niin hajalla ja erillään ja kaukana kaikki
kuka raskaana jaksaa matkustaa
me olemme niin etäisiä ja kilometrit ovat jäätyneet
paljon on matkaa
junassa hyökkää pelko

luetteloidaan mitä on
ja sitten sitä mitä pitäisi vielä
olla, ja järjestellään esineitä
lasketaan rahoja ja luetaan kelloa
tauotta junien aikatauluja joka kanavalta

hetkinen, keitäs täällä oikein asuukaan?

hei taavi etsä hiffaa
joka *hetki* voi tapahtua jotakin
lehti on nopea mutta ruutu vasta pika
hei jäpä mee verkkoon
oot perillä ennen kuin tajuutkaan

niin amu
amuu
aamualkaa nyt näin että herätään
ja joko noustaan ja mennään laittamaan aamiaista
tai sitten peuhataan peittojen alla ja sitten vasta
lähdetään keittiöön tai sittenkin ensinnä ulos
postilaatikolle tai antamaan niille vuohille niitä
kannikoita ja katsomaan ovatko ne taas kaataneet sen
vesiämpärinsä tai repineet heinälaarinsa alas
ja ropistaneet päälle niitä niiden pieniä pillereitä
ja jos kerkiää niitä vahtimaan aamulla niin päästetään
ne jaloittelemaan paitsi tänä aamuna kun harhaillaan
vain sisällä sairaslomalla ja vapaalla, soitellaan
uudella ihanalla telefonilla ja lämmitellään
ennen kuin mennään oikein kuviin kylille
katsomaan neuvolan synnytysvideoita

sokeria 6.90
sokeria 6.90
luumuja 11.20
suodattimia 4.00
mustikoita 5.40
mäntysuopaa 9.80

kaivo on jäätynyt
jouluna vuorossa vesipumppu
(grouvvvouuuvghrrrvvoouuuvvoouugrhhrhhrhhrgrhh khh)

nyt riitti
nyt
kaikki seis

mennään asuntotoimistoon valitsemaan
ensimmäinen vapaa mikä tahansa kenno
soitetaan vuohille uusi koti
poikkaistaan asumiseen kinutut jatkoviikot
unohdetaan ulko-oven eristäminen
lainataan sähköpatteri lähipäiviksi
unohdetaan vuotava katto
etsitään muuttoauto
lakataan kiroamasta varaavien uunien puuttumista
maksetaan loput sähkölaskusta
lakataan suremasta jäisiä lattioita

saadaan viime tingan päähänpisto muuttaa pois kokonaan
tehdään ilmoitus viralliselle paperille
kutsutaan muuttoapu
etsitään pahvilaatikoita
pakataan niiden sisälle erilaisia esineitä
pakataan pahvilaatikot ja kissat pakuun
ja vuohet
ja ruukkukasvit syliin ja takaikkunalle
jätetään turhat huonekalut
ja puretaan suunnitelmat ja siirretään romut ja
kalut ja itset ja toiveet, pois